mekdep - koulu 2
syýahat - matka 5
ulag - kuljetus 8
şäher - kaupunki 10
landşaft - maisema 14
restoran - ravintola 17
supermarket - supermarketti 20
içgiler - juomat 22
nahar - ruoka 23
ferma - maatila 27
öý - talo 31
myhman otagy - olohuone 33
aşhana - keittiö 35
wanna otagy - kylpyhuone 38
çaga otagy - lastenhuone 42
egin-eşik - vaatteet 44
ofis - toimisto 49
ykdysadyýet - talous 51
hünärler - ammatit 53
gurallar - työkalut 56
saz gurallary - soittimet 57
haýwanat bagy - eläintarha 59
sport - urheilu 62
hereket - aktiviteetit 63
maşgala - perhe 67
ten - vartalo 68
hassahana - sairaala 72
gaýragoýulmasyz ýagdaý - hätätilanne 76
zemin - maa 77
sagat - kello 79
hepde - viikko 80
ýyl - vuosi 81
görnüşler - muodot 83
reňkler - värit 84
garşylykly - vastakohdat 85
sanlar - numerot 88
diller - kielet 90
kim / näme / nähili - kuka / mitä / miten 91
nirede - missä 92

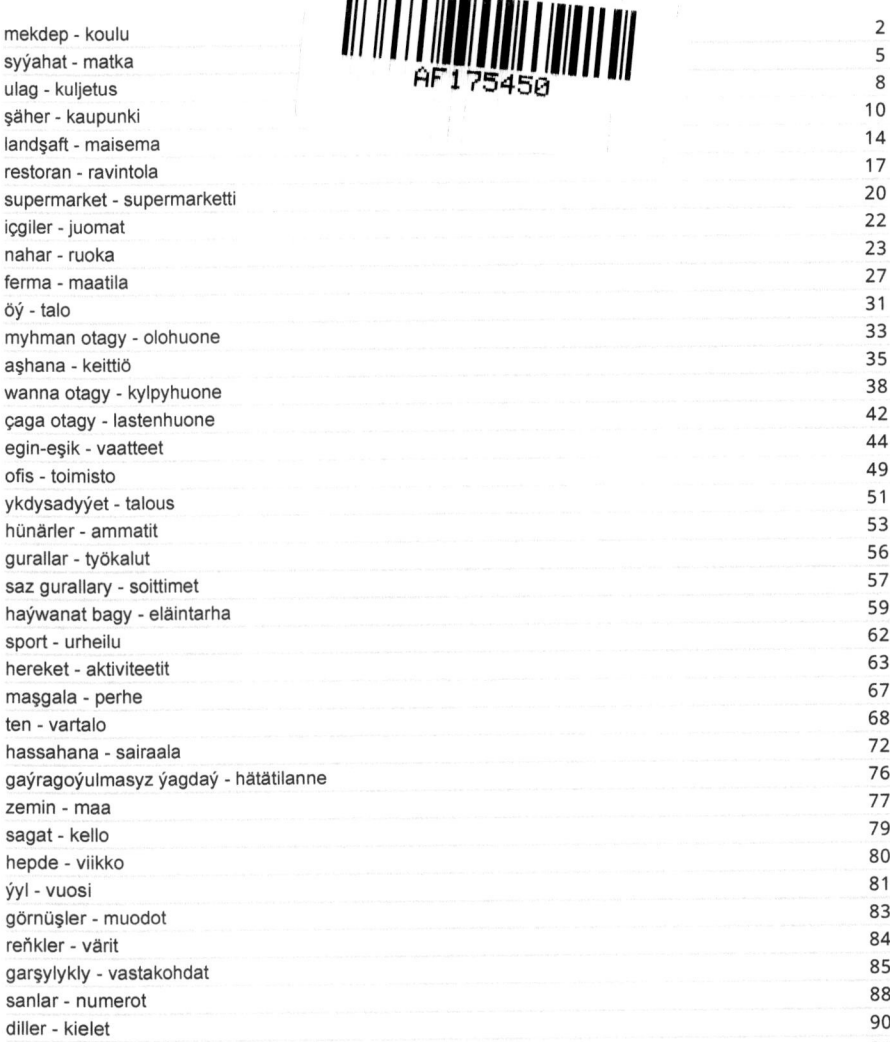

Impressum
Verlag: BABADADA GmbH, Nedderfeld 112 , 22529 Hamburg
Geschäftsführer / Verlagsleitung: Harald Hof
Druck: Books on Demand GmbH, In de Tarpen 42, 22848 Norderstedt

Imprint
Publisher: BABADADA GmbH, Nedderfeld 112 , 22529 Hamburg, Germany
Managing Director / Publishing direction: Harald Hof
Print: Books on Demand GmbH, In de Tarpen 42, 22848 Norderstedt

synp otagy
luokkahuone

bölmek
jakaa

186/2

mekdep howlusy
koulunpiha

tagta
taulu

mugallym
opettaja

kagyz
paperi

ýazmak
kirjoittaa

ruçka
kynä

ýazuw stoly
kirjoituspöytä

çyzgyç
viivoitin

kitap
kirja

okuwçy
oppilas

ranes
reppu

penal
penaali

galam
lyijykynä

galam artylýan
kynänteroitin

bozguç
pyyhekumi

surat çekmek üçin albom
piirustuslehtiö

surat

piirustus

çotgajyk

pensseli

reňkli guty

vesivärit

gaýçy

sakset

ýelim

liima

depder

harjoituskirja

öý işi

kotitehtävä

san

luku

goşmak

lisätä

aýyrmak

vähentää

köpeltmek

kertoa

hasaplamak

laskea

harp

kirjain

elipbiý

aakkoset

söz

sana

tekst
teksti

okamak
lukea

hek
liitu

sapak
oppitunti

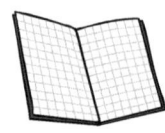

synp dergisi
opettajan muistikirja

synag
koe

diplom
todistus

mekdep lybasy
koulupuku

bilim
koulutus

ensiklopediýa
sanakirja

uniwersitet
yliopisto

mikroskop
mikroskooppi

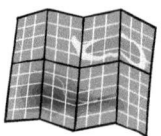

karta
kartta

kagyz üçin sebet
roskakori

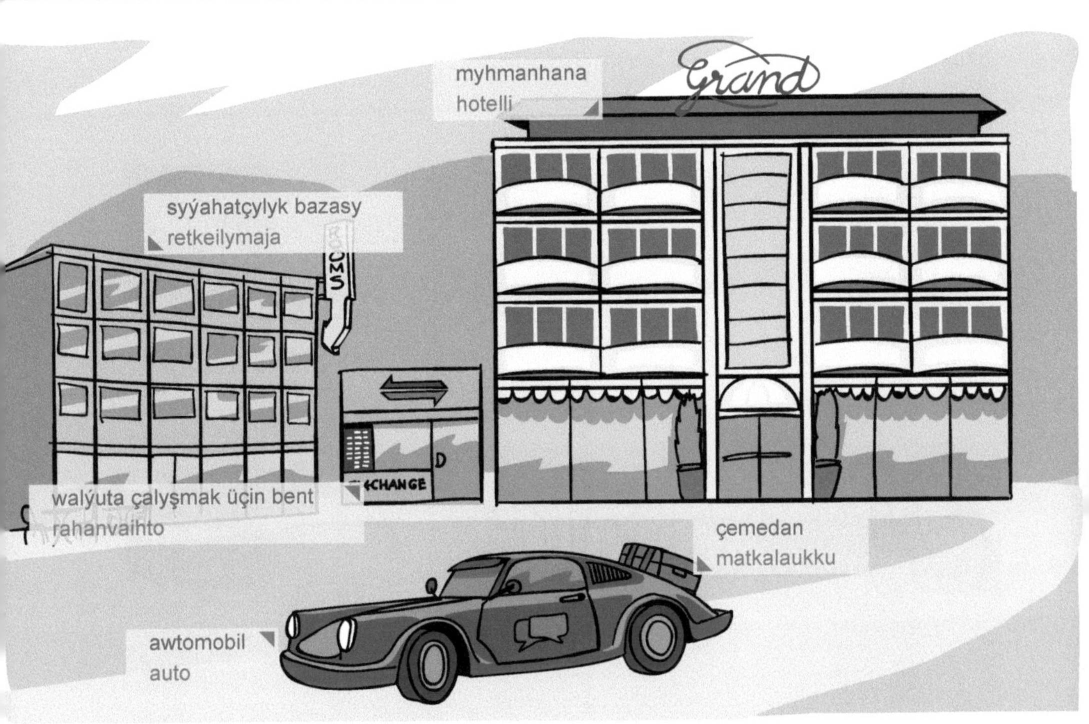

myhmanhana
hotelli
Grand
syýahatçylyk bazasy
retkeilymaja
ROOMS
EXCHANGE
walýuta çalyşmak üçin bent
rahanvaihto
çemedan
matkalaukku
awtomobil
auto

dil

kieli

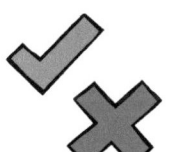

hawwa / ýok

kyllä / ei

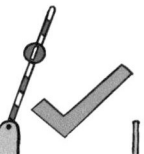

bolýa

selvä

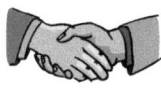

salam

hei

terjimeçi

tulkki

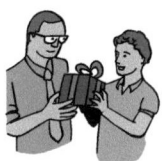

Minnetdar

kiitos

bahasy näçe?

Paljonko...maksaa?

men düşünmeýärin

en ymmärrä

mesele

ongelma

Agşamyňyz haýyr!

Hyvää iltaa!

Ertiriňiz haýyrly!

Hyvää huomenta!

Gijäňiz rahat bolsun!

Hyvää yötä!

görüşýänçäk

näkemiin

ugur

suunta

ýük

matkatavarat

torba

laukku

eginden asylýan torba

reppu

myhman

vieras

otag

huone

halta ýorgan

makuupussi

çadyr

teltta

syýahatçylyk maglumaty

turisti-info

kenarýaka

ranta

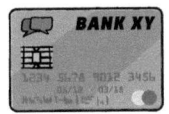

karz karty

luottokortti

ertirlik

aamupala

günortanlyk

lounas

agşamlyk

päivällinen

petek

matkalippu

lift

hissi

poçta markasy

postimerkki

çäk

raja

gümrük

tulli

ilçihana

suurlähetystö

wiza

viisumi

pasport

passi

kuljetus

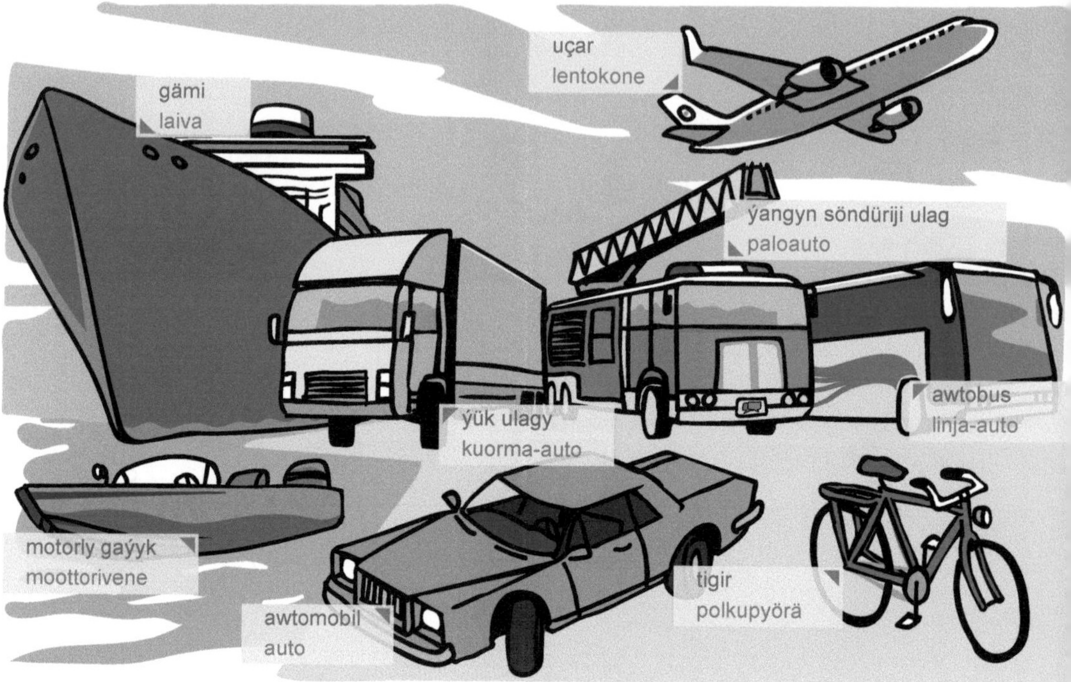
uçar
lentokone
gämi
laiva
ýangyn söndüriji ulag
paloauto
awtobus
linja-auto
ýük ulagy
kuorma-auto
motorly gaýyk
moottorivene
tigir
polkupyörä
awtomobil
auto

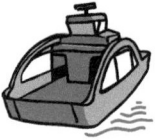

parom

lautta

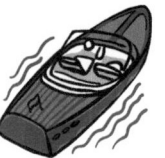

gaýyk

vene

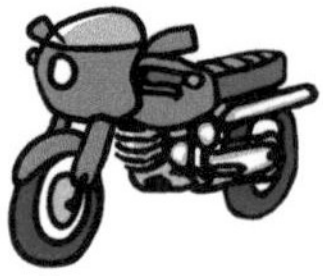

motosikl

moottoripyörä

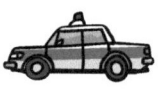

polisiýa ulagy

poliisiauto

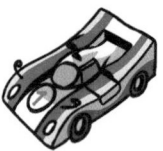

çapyşyk

kilpa-auto

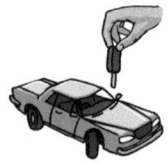

kärendä alnan ulga

vuokra-auto

ulagy bilelikde ulanmak

car sharing

tirkeg ulagy

hinausauto

zir-zibil daşaýan ulag

roska-auto

hereketlendiriji

moottori

ýangyç

polttoaine

guýma

huoltoasema

ýol belgisi

liikennemerkki

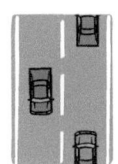

hereket

liikenne

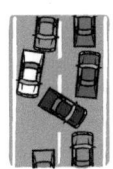

dyky

ruuhka

awtoduralga

parkkipaikka

menzil

rautatieasema

seplem

raiteet

otly

juna

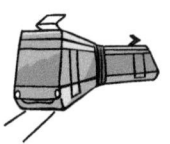

tramwaý

raitiovaunu

wagon

vaunu

dik uçar

helikopteri

howa menzili

lentokenttä

minara

lähilennonjohto

ýolagçy

matkustaja

konteýner

kontti

guty

pahvilaatikko

araba

kärryt

sebet

kori

uçmak / gonmak

nousta / laskea

kaupunki

oba

kylä

şäher merkezi

keskusta

öý

talo

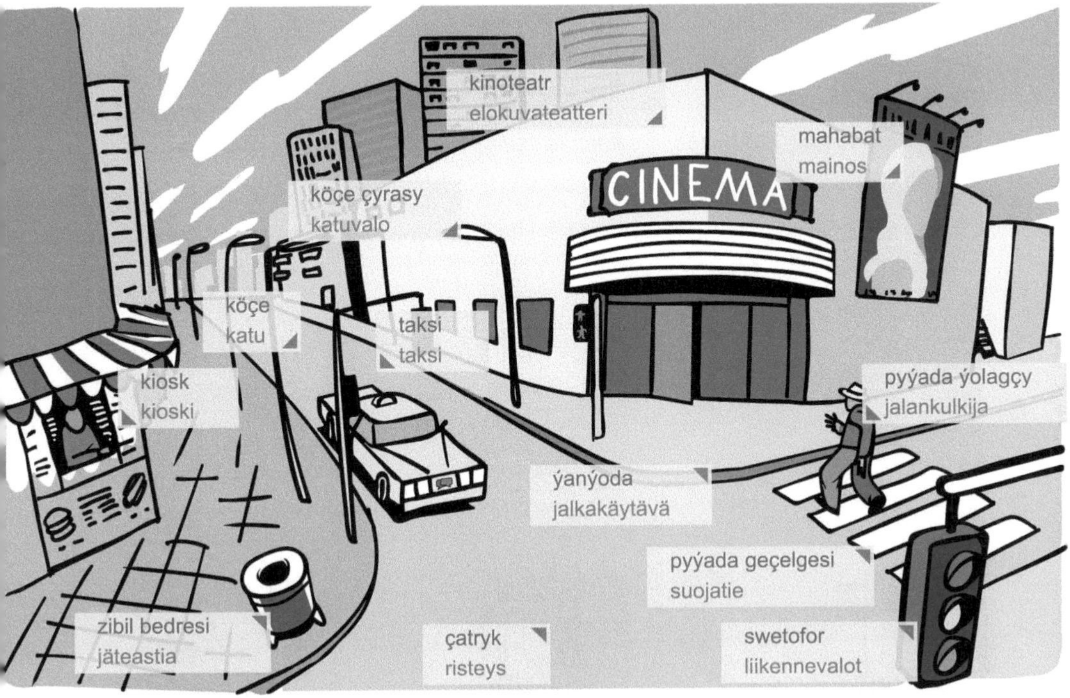
kinoteatr
elokuvateatteri
mahabat
mainos
CINEMA
köçe çyrasy
katuvalo
köçe
katu
taksi
taksi
kiosk
kioski
pyýada ýolagçy
jalankulkija
ýanýoda
jalkakäytävä
pyýada geçelgesi
suojatie
zibil bedresi
jäteastia
çatryk
risteys
swetofor
liikennevalot

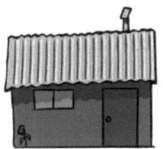

kepbe

mökki

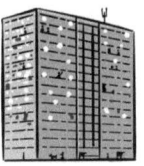

öý

kerrostalo

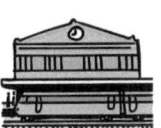

menzil

rautatieasema

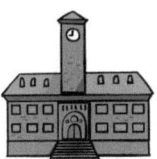

şäher häkimligi

kaupungintalo

MUSEUM

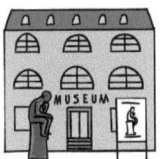

muzeý

museo

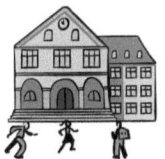

mekdep

koulu

uniwersitet

yliopisto

bank

pankki

hassahana

sairaala

myhmanhana

hotelli

dermanhana

apteekki

ofis

toimisto

kitap dükany

kirjakauppa

dükan

liike

gül dükany

kukkakauppa

supermarket

supermarketti

bazar

tori

uniwermag

tavaratalo

balyk söwdagäri

kalakauppias

söwda merkezi

ostoskeskus

port

satama

park

puisto

oturgyç

penkki

köpri

silta

merdiwan

portaat

metro

metro

ötük

tunneli

awtobus

linja-autopysäkki

bar

baari

restoran

ravintola

poçta gutusy

postilaatikko

köçäni adyny görkezýän ýazgy

katukyltti

parkometr

parkkimittari

haýwanat bagy

eläintarha

basseýn

uimala

metjit

moskeija

ferma

maatila

daşky gurşawyň
hapalanmagy

ympäristön saastuminen

gonamçylyk

hautausmaa

buthana

kirkko

çaga meýdançasy

leikkikenttä

ybadathana

temppeli

maisema

ýaprak
lehti

ýol görkeziji
tienviitta

ýol
tie

ýaýla
niitty

daş
kivi

syýahatçy
retkeilijä

aga
puu

derýa
joki

ot
ruoho

gül
kukka

dere

laakso

dag

vuori

köl

järvi

tokaý

metsä

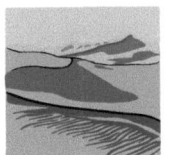

çöl

aavikko

wulkan

tulivuori

gulp

linna

älemgoşar

sateenkaari

kömelek

sieni

palma agajy

palmu

çybyn

hyttynen

sinek

kärpänen

garynja

muurahainen

bal arysy

mehiläinen

möý

hämähäkki

landşaft - maisema

tomzak
kovakuoriainen

gurbaga
sammakko

awusiýdik
orava

kirpi
siili

towşan
jänis

baýguş
pöllö

guş
lintu

guw
joutsen

ýekegapan
villisika

sugun
peura

los
hirvi

bent
pato

şemal generatory
tuulimylly

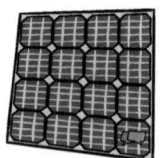

gün batareýasy
aurinkopaneeli

howa
ilmasto

ofisiant
tarjoilija

menýu
ruokalista

oturgyç
tuoli

çorba
keitto

pizza
pitsa

aşhana gap-gaçlary
ruokailuvälineet

stoluň örtgi matasy
pöytäliina

garbanma

alkuruoka

esasy tagam

pääruoka

süýjülik

jälkiruoka

içgiler

juomat

nahar

ruoka

süýşe

pullo

tiz tagam

pikaruoka

köçe iýmiti

katuruoka

çäýnek, kitir

teekannu

şeker gaby

sokeriastia

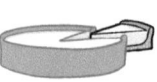

porsiýa

annos

kofe gaýnadyjy

espressokeitin

çaga oturgyjy

syöttötuoli

hasap

lasku

mejme

tarjotin

pyçak

veitsi

çarşak

haarukka

çemçe

lusikka

çaý çemçesi

teelusikka

salfetka

servietti

bulgur

lasi

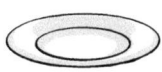

tarelka
lautanen

çorba tarelkasy
syvä lautanen

tabajyk
aluslautanen

sous
kastike

duz gaby
suolasirotin

burçy üweýji
pippurimylly

sirke
etikka

ýag
öljy

huruş
mausteet

ketçup
ketsuppi

gorçisa
sinappi

maýonez
majoneesi

supermarketti

ýorite teklip
tarjous
alyjy
asiakas
FOR
süýt önümleri
maitotuotteet
miweler
hedelmät
satyn alnan zatlar üçin araba
ostoskärryt

BUTCHERS

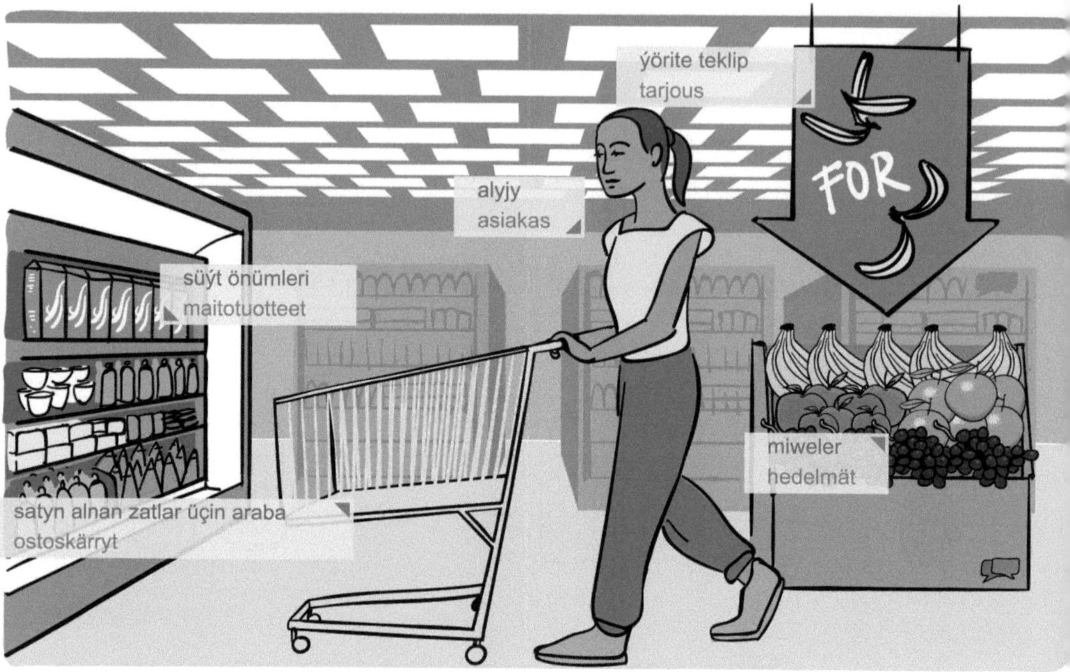

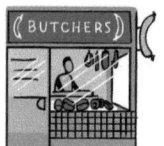

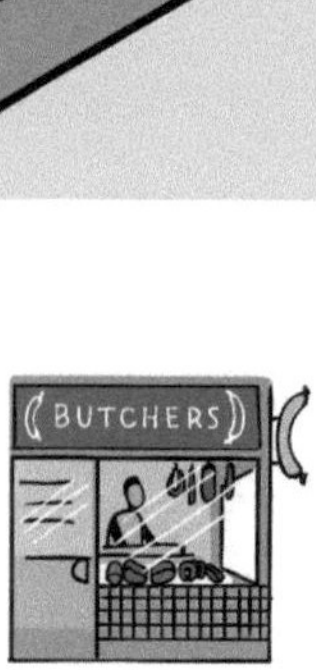

et dükany

teurastamo

BAKERY

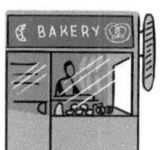

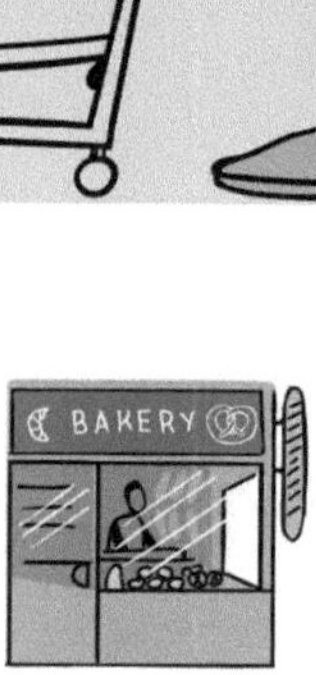

çörek kärhanasy

leipomo

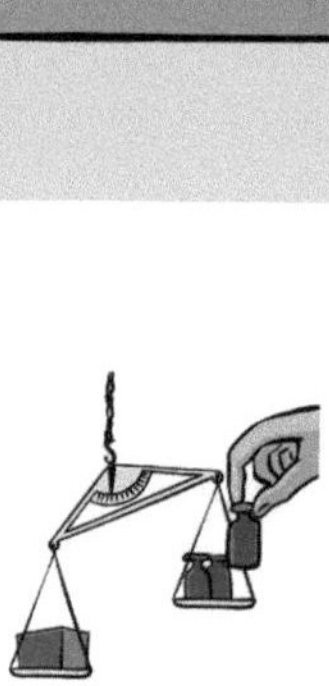

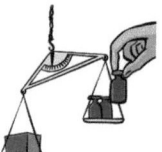

ölçemek

punnita

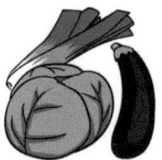

gök önümler

kasvikset

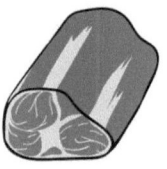

et

liha

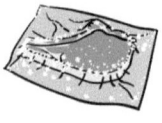

tiz doňýan önümler

pakasteet

kesme
leikkele

konserwirlenen önümler
säilykkeet

kir ýuwujy toz
pesujauhe

süýjülikler
makeiset

öýde ulanylýan zat
kotitaloustarvikkeet

ýuwujy serişde
puhdistusaineet

satyjy aýal
myyjä

kassa
kassa

pulhanaçy
kassanhoitaja

satyn alynmaly zatlar
ostoslista

iş wagty
aukioloajat

gapjyk
lompakko

karz karty
luottokortti

sumka
kassi

polietilen paket
muovipussi

suw

vesi

şire

mehu

süýt

maito

koka-kola

kokis

wino

viini

piwo

olut

alkogol

alkoholi

kakao

kaakao

çaý

tee

kofe

kahvi

espresso

espresso

kapuçino

cappuccino

banan

banaani

alma

omena

pyrtykal

appelsiini

garpyz

meloni

limon

sitruuna

käşir

porkkana

sarymsak

valkosipuli

bambuk

bambu

sogan

sipuli

kömelek

sieni

hoz

pähkinät

un aş

spagetti

spagetti

spagetti

tüwi

riisi

işdäaçar

salaatti

gowurylan ýer alma

ranskalaiset

gowurylan ýer alma

paistetut perunat

pizza

pitsa

gamburger

hampurilainen

sendwiç

voileipä

üweme

leike

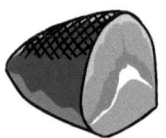

wetçina

kinkku

salýami

salami

şöhlat

makkara

towuk

kana

gowrulyp taýýarlanýan nahar

paisti

balyk

kala

süle patragy

kaurahiutaleet

mýusli

mysli

mekgejöwen patragy

murot

un

jauho

kruassan

voisarvi

bulka

sämpylä

çörek

leipä

tost

paahtoleipä

köke

keksit

ýag

voi

dorog

rahka

pirog

kakku

ýumurtga

kananmuna

heýgenek

paistettu kananmuna

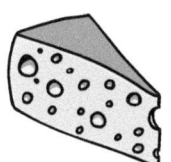

peýnir

juusto

doňdurma
jäätelö

şeker
sokeri

bal
hunaja

marmelad
hillo

nogully krem
suklaapähkinälevite

karri
curry

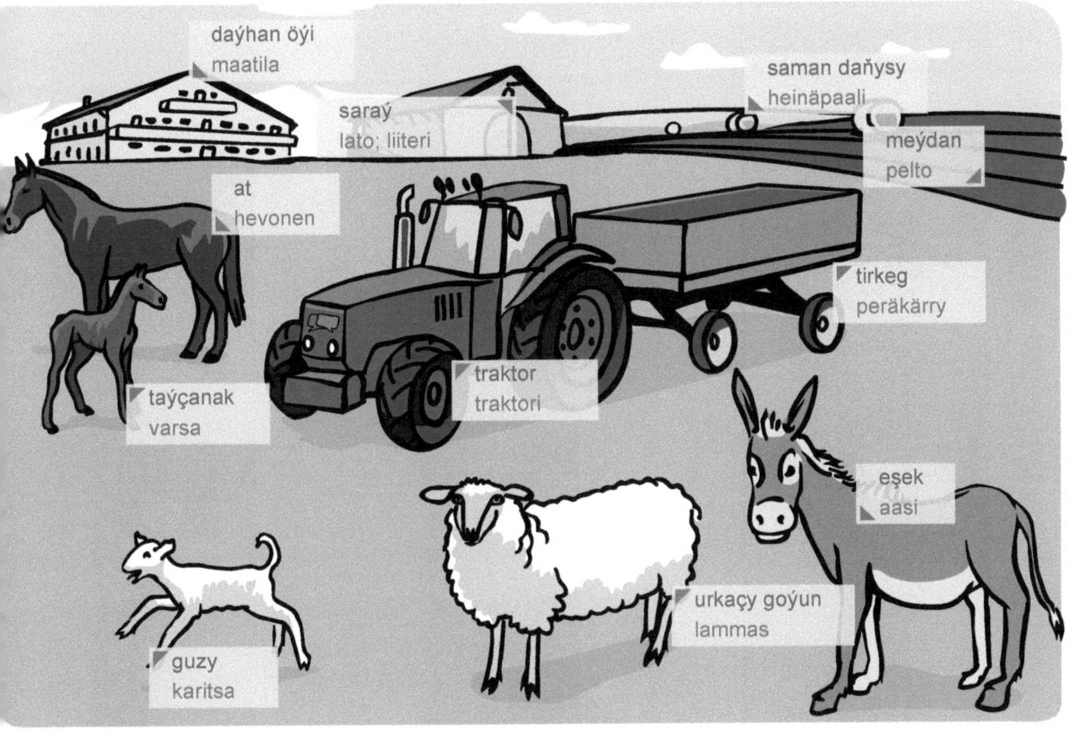

daýhan öýi
maatila

saraý
lato; liiteri

saman daňysy
heinäpaali

at
hevonen

meýdan
pelto

tirkeg
peräkärry

traktor
traktori

taýçanak
varsa

eşek
aasi

urkaçy goýun
lammas

guzy
karitsa

geçi
vuohi

sygyr
lehmä

göle
vasikka

doňuz
sika

jojuk
porsas

öküz
sonni

gaz

hanhi

ördek

ankka

jüýje

tipu

towuk

kana

horaz

kukko

alaka

rotta

pişik

kissa

syçan

hiiri

öküz

härkä

it

koira

it ýatagy

koirankoppi

bag şlangy

puutarhaletku

guýgyç

kastelukannu

orak

viikate

azal

aura

orak
sirppi

kätmen
kuokka

dökün çarşagy
talikko

palta
kirves

galtak
kottikärryt

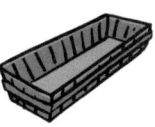

kersen
kaukalo

süýt üçin tüññür
maitokannu

halta
säkki

haýat
aita

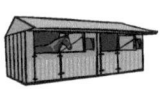

çörek
talli

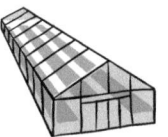

ýyladyşhana
kasvihuone

toprak
maa

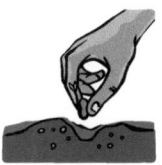

ekin
siemen

dökün
lannoite

kombaýn
leikkuupuimuri

hasyl ýygnamak

kerätä sato

galla

sato

ýams

jamssit

bugdaý

vehnä

soýa

soija

ýeralma

peruna

mekgejöwen

maissi

raps

rypsi

miwe agajy

hedelmäpuu

manioka

maniokki

däneli ösümlikler

vilja

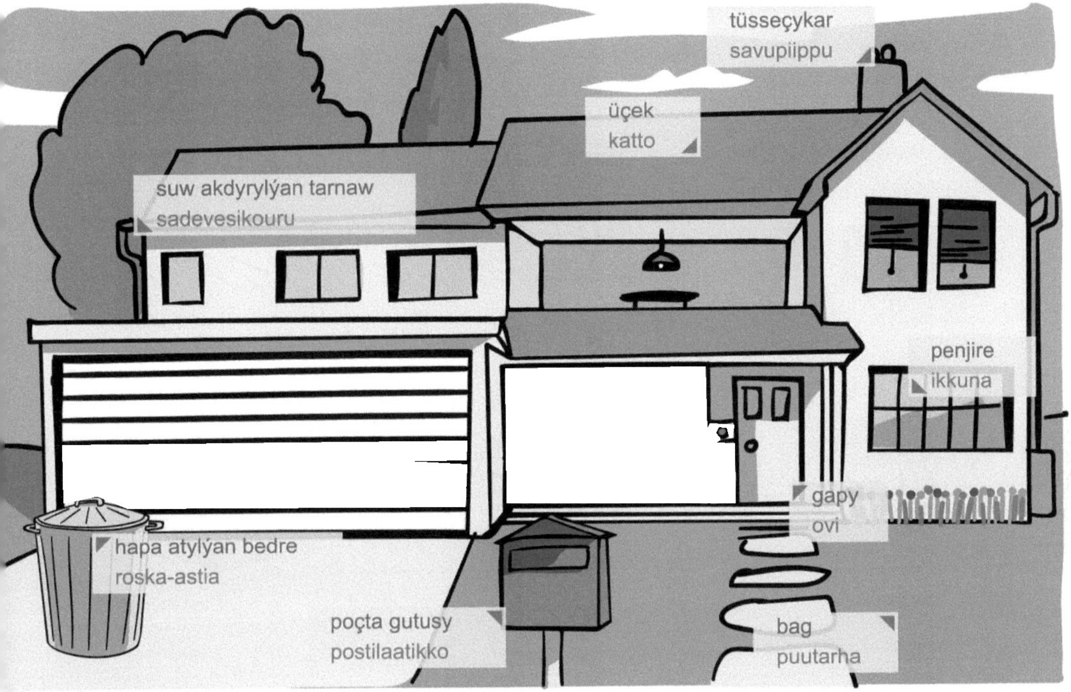

tüsseçykar
savupiippu

üçek
katto

suw akdyrylýan tarnaw
sadevesikouru

penjire
ikkuna

gapy
ovi

hapa atylýan bedre
roska-astia

poçta gutusy
postilaatikko

bag
puutarha

myhman otagy

olohuone

wanna otagy

kylpyhuone

aşhana

keittiö

ýatalga otagy

makuuhuone

çaga otagy

lastenhuone

naharhana

ruokahuone

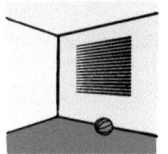

pol

lattia

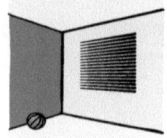

diwar

seinä

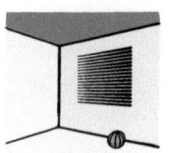

potolok

katto

ýerzemin

kellari

hamam

sauna

balkon

parveke

eýwan

terassi

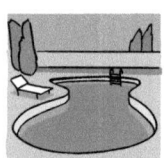

howdan

uima-allas

gazon orujy

ruohonleikkuri

ýorgan daşlygy

lakana

örtgi

päiväpeitto

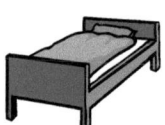

ýatakça

sänky

sübse

harja

bedre

ämpäri

öçüriji

katkaisin

olohuone

oboýlar
tapetti
çekilen surat
kuva
çyra
lamppu
tekje
hylly
şkaf
kaappi
telewizor
televisio
gül
kukka
ýassyk
tyyny
diwan
sohva
küýze
maljakko
aralykdan dolandyryş pulty
kaukosäädin

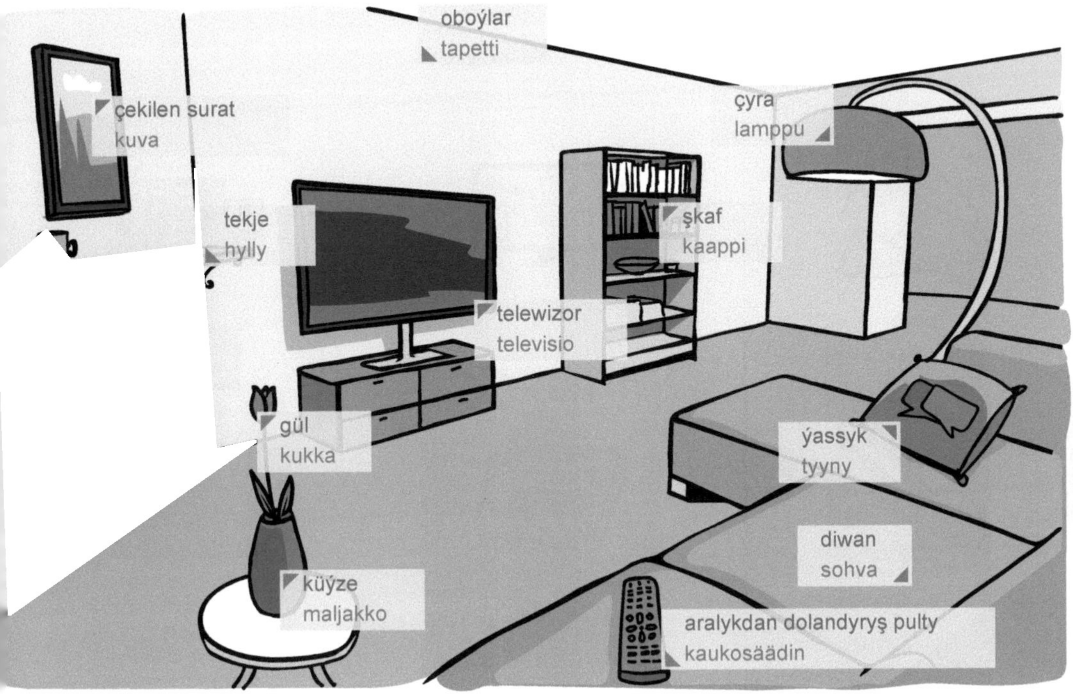

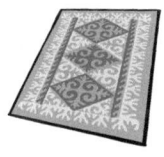

haly

matto

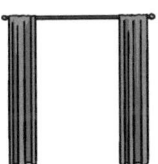

tuty

verho

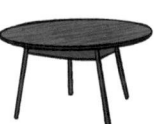

stol

pöytä

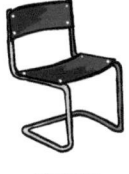

oturgyç

tuoli

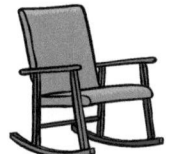

öňe-yza gaýdýan kürsi

keinutuoli

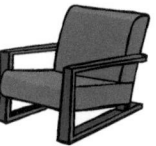

kürsi

nojatuoli

kitap

kirja

örtgi

peitto

bezeg

koriste

odun

polttopuut

film

elokuva

stereo ulgam

stereot

açar

avain

gazet

sanomalehti

surat

maalaus

ündewsurat

juliste

radio

radio

bloknot

muistivihko

tozan sorujy

pölynimuri

kaktus

kaktus

şem

kynttilä

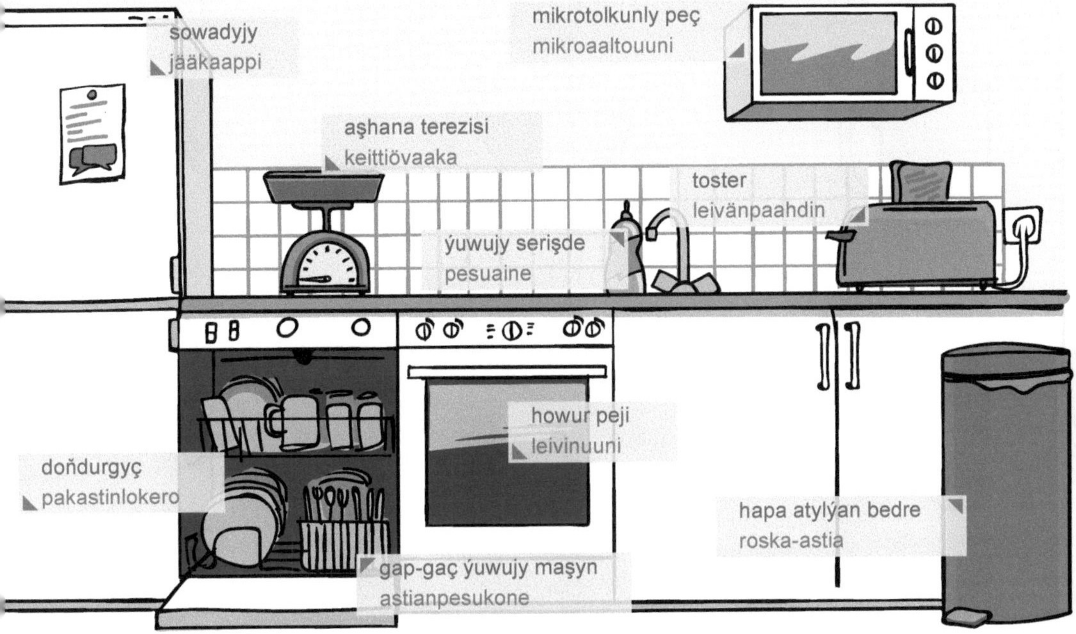

sowadyjy
jääkaappi

mikrotolkunly peç
mikroaaltouuni

aşhana terezisi
keittiövaaka

toster
leivänpaahdin

ýuwujy serişde
pesuaine

howur peji
leivinuuni

doňdurgyç
pakastinlokero

hapa atylýan bedre
roska-astia

gap-gaç ýuwujy maşyn
astianpesukone

plita
liesi

piti
kattila

çoýun gazany
rautapata

wok / kadaý
vokkipannu / kadai-pannu

saç
paistinpannu

çäýnek, kitir
teepannu

bugda bişiriji

höyrykeitin

protiwen

uunipelti

gap-gaç

astiat

kürşge

muki

jam

kulho

nahar iýilýän taýajyklar

syömäpuikot

susak

kauha

piljagaz

paistinlasta

ýaýylýan maşyn

vispilä

elek

siivilä

elek

siivilä

gyrgyç

raastin

soky

mortteli

gril

grilli

ot

avotuli

tagta

leikkuulauta

oklaw

kaulin

ştopor

korkinavaaja

tüneke banka

purkki

konserwa pyçagy

purkinavaaja

tutguç

pannulappu

rakowina

lavuaari

çotga

tiskiharja

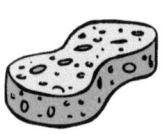

gubka

pesusieni

mikser

tehosekoitin

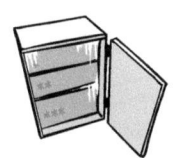

doňdurma kamerasy

pakastin

çagany iýmitlendirmek üçin çüýşejik

tuttipullo

kran

vesihana

kylpyhuone

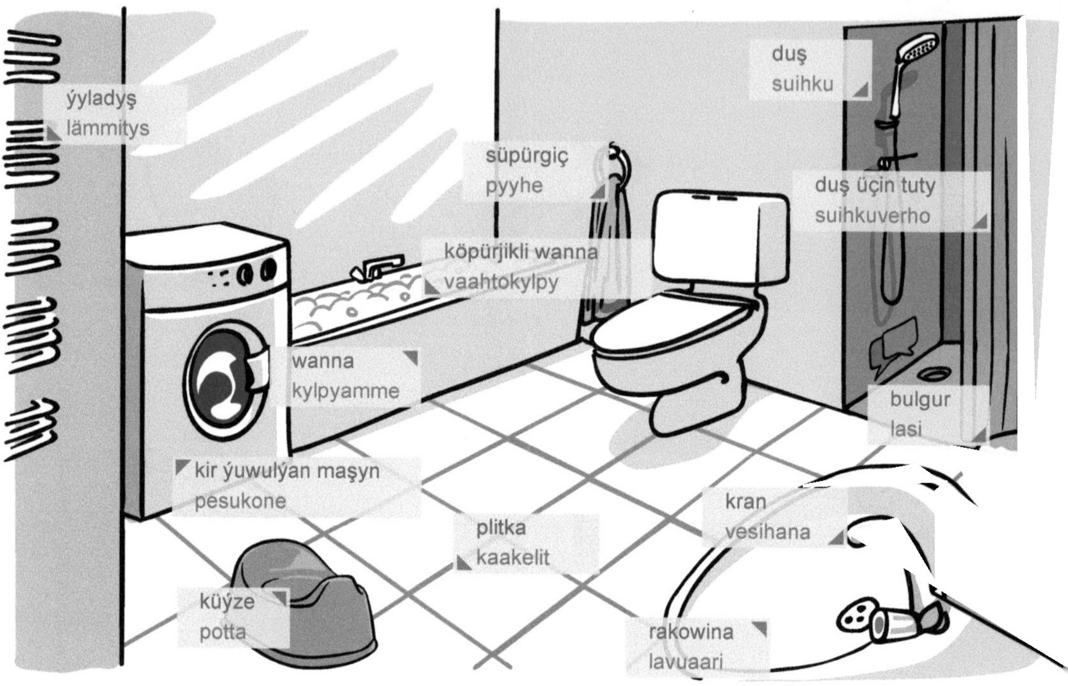
ýyladyş
lämmitys
duş
suihku
süpürgiç
pyyhe
duş üçin tuty
suihkuverho
köpürjikli wanna
vaahtokylpy
wanna
kylpyamme
bulgur
lasi
kir ýuwulýan maşyn
pesukone
kran
vesihana
plitka
kaakelit
küýze
potta
rakowina
lavuaari

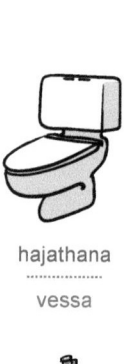

hajathana

vessa

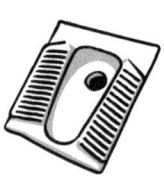

polda oturdylýan unitaz

kyykkyvessa

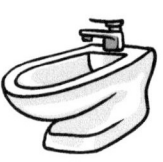

bide

bidee

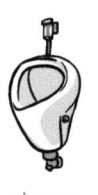

pissuar

pisuaari

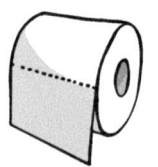

hajathana kagyzy

vessapaperi

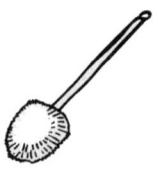

hajathana çotgasy

vessaharja

diş çotgasy

hammasharja

diş pastasy

hammastahna

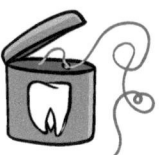

diş sapagy

hammaslanka

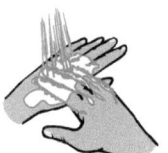

ýuwmak

pestä

el duşy

käsisuihku

şahsy duş

intiimisuihku

legen

pesuvati

arka üçin çotga

selkäharja

sabyn

saippua

duş üçin gel

suihkugeeli

şampun

shampoo

moçalka

pesulappu

akyş

viemäri

krem

voide

dezodorant

deodorantti

aýna
peili

el aýnasy
käsipeili

päki
partaveitsi

sakgal syrmak üçin köpürjik
partavaahto

sakgal syrylanyndan soňky
losýon
kampa

partavesi

darak
kampa

çotga
harja

fen
hiustenkuivaaja

saç üçin lak
hiuslakka

kosmetika
meikki

dodaga çalynýan reňk
huulipuna

dyrnaga çalynýan reňk
kynsilakka

pamyk
pumpuli

manikýur gaýçysy
kynsisakset

atyr
hajuvesi

kosmetika üçin gutujyk

kosmetiikkalaukku

oturgyç

jakkara

terezi

vaaka

halat

kylpytakki

rezin ellik

kumihansikkaat

tampon

tamponi

gigiýena prokladkasy

terveysside

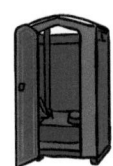

biohajathana

kemiallinen wc

oýaryjy
herätyskello

ýumşak oýnawaç
pehmolelu

oýnawaç awtoulag
leikkiauto

şakyrdawukly oýnawaç
helistin

gurjak öýi
nukkekoti

sowgat
lahja

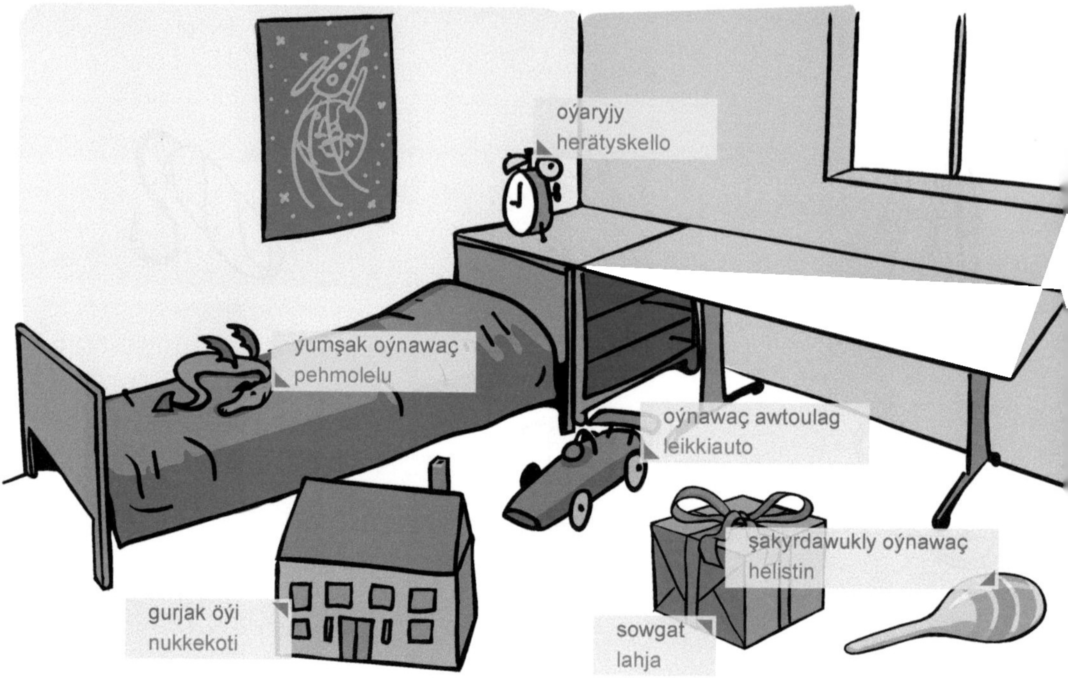

howaly şar
ilmapallo

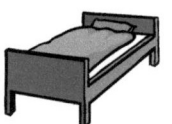

ýatakça
sänky

çaga arabasy
lastenvaunut

kart oýny
korttipeli

pazl
palapeli

komiks
sarjakuva

42

çaga otagy - lastenhuone

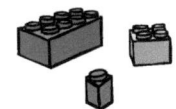

Lego kerpiçleri

legopalikat

kubikler

rakennuspalikat

oýnawaç şekil

supersankari

çagalar üçin joraply balak

potkupuku

frisbi

frisbee

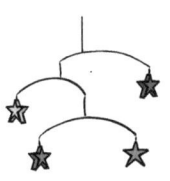

mobile

mobile

stolüsti oýun

lautapeli

kubik

noppa

demir ýolunyň modeli

pienoisjunarata

soska

tutti

şagalaň

juhlat

şekilli kitap

kuvakirja

top

pallo

gurjak

nukke

oýnamak

leikkiä

çäge aýmança
hiekkalaatikko

hiňňildik
keinu

oýnawaç
lelut

oýun pristawkasy
pelikonsoli

üç tigirli welosiped
kolmipyörä

plýuşadan aýyjyk
nalle

egin-eşik üçin şkaf
vaatekaappi

vaatteet

jorap
sukat

çulki
nylonsukat

kolgotka
sukkahousut

şarf
kaulaliina

saýawan
sateenvarjo

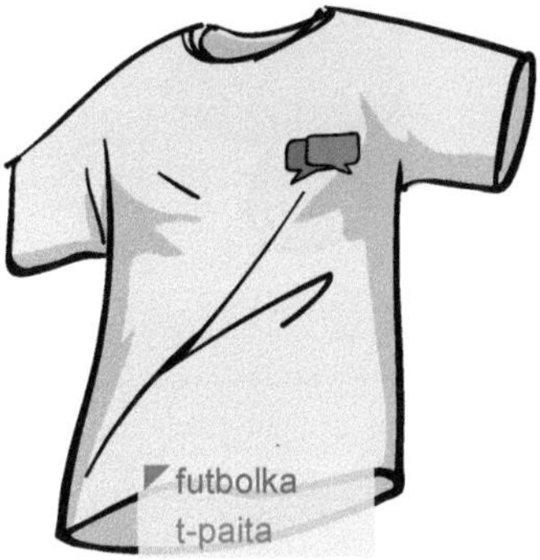

futbolka
t-paita

kemer
vyö

ädik
saappaat

öý şypbygy
sisätossut

krossowka
lenkkarit

sandaliýa
sandaalit

aýakgap
kengät

rezin ädik
kumisaappaat

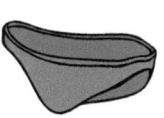

türsük
alushousut

göwüslik
rintaliivit

maýka
aluspaita

bodi

body

jalbar

housut

jins

farkut

ýubka

hame

bluzka

pusero

köýnek

paita

switer

villapaita

switer

collegepaita

sport keltekçesi

jakku

žaket

takki

palto

takki

plaş

sadetakki

kostýum

puku

köýnek

mekko

toý köýnegi

hääpuku

erkek üçin kostýum

puku

ýatyş köýnegi

yöpaita

pižama

pyjama

sari

shari

ýaglyk

päähuivi

selle

turbaani

perenji

burka

kaftan

kaftaani

abaýa

abaya

suwa düşmek üçin lybas

uimapuku

plawki

uimahousut

şorty

shortsit

sport lybasy

verkkarit

öñlük

esiliina

ellik

käsineet

ilik

nappi

äýnek

silmälasit

bilezik

rannekoru

zynjyr

kaulakoru

ýüzük

sormus

syrga

korvakoru

papak

lippalakki

geýim asgyç

ripustin

şlýapa

hattu

galstuk

solmio

syrma

vetoketju

şlem

kypärä

egnaşyr kemer

henkselit

mekdep lybasy

koulupuku

lybas

univormu

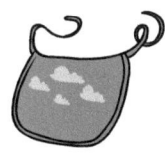

çaga döşlügi

ruokalappu

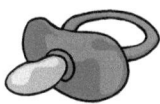

soska

tutti

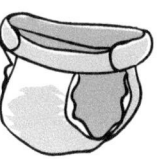

arlyk

vaippa

toimisto

serwer
palvelin
kanselýariýa şkafy
asiakirjakaappi
printer
kagyz
paperi
monitor
näyttö
ýazuw stoly
kirjoituspöytä
syçanjyk
hiiri
klawiatura
näppäimistö
kagyz üçin sebet
roskakori

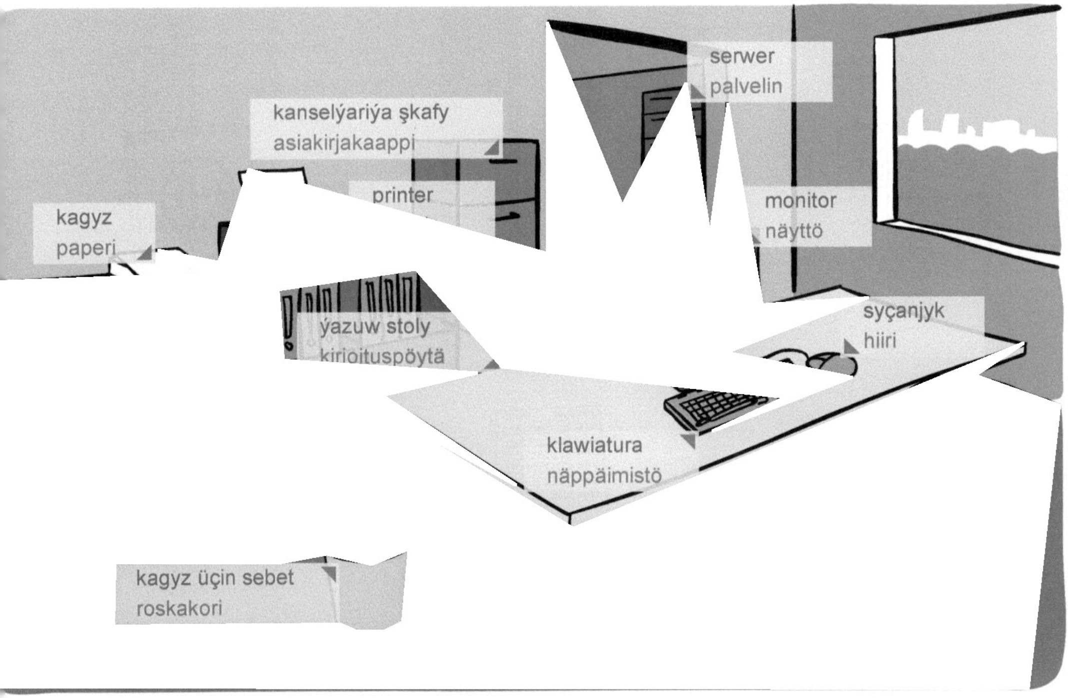

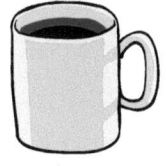

kofe kružkasy

kahvimuki

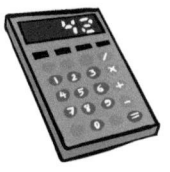

kalkulýator

taskulaskin

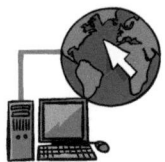

internet

internet

noutbuk

kannettava tietokone

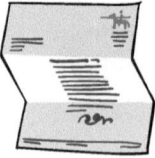

hat

kirje

habar

viesti

öyjükli telefon

kännykkä

tor

verkko

kseroks

kopiokone

programma

ohjelmisto

telefon

puhelin

rozetka

pistorasia

faks

faksi

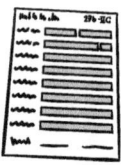

formulýar

lomake

resminama

asiakirja

satyn almak

ostaa

tölemek

maksaa

söwda etmek

vaihtaa

pul

raha

dollar

dollari

ýewro

euro

iena

jeni

rubl

rupla

frank

frangi

ženminbi ýuan

renminbi juan

rupiýa

rupia

bankomat

pankkiautomaatti

walýuta çalyşmak üçin bent

rahanvaihto

altyn

kulta

kümüş

hopea

nebit

öljy

energiýa

energia

baha

hinta

şertnama

sopimus

salgyt

vero

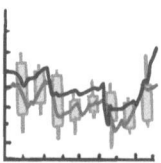

paýnama

osake

işlemek

työskennellä

gullukçy

työntekijä

iş beriji

työnantaja

fabrik

tehdas

dükan

liike

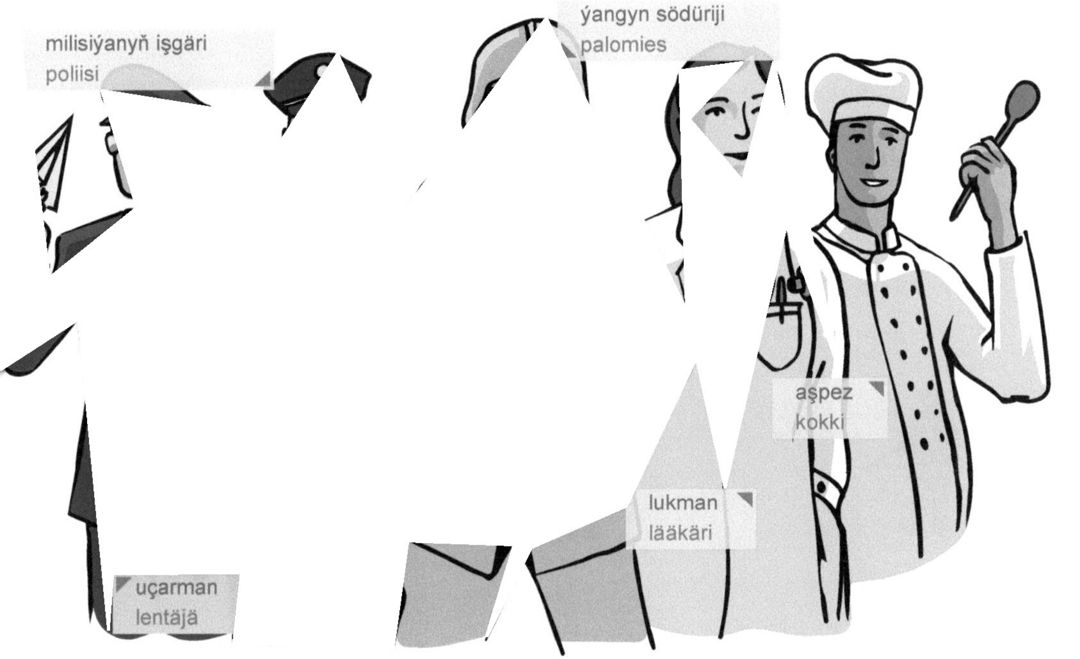

milisiýanyň işgäri
poliisi

ýangyn södüriji
palomies

aşpez
kokki

lukman
lääkäri

uçarman
lentäjä

bagban
puutarhuri

agaç ussasy
puuseppä

tikinçi
ompelija

kazy
tuomari

himik
kemisti

aktýor
näyttelijä

awtobus sürüjisi

linja-autonkuljettaja

taksiçi

taksinkuljettaja

balykçy

kalastaja

tam süpüriji

siivooja

üçek basyrýan ussa

katontekijä

ofisiant

tarjoilija

awçy

metsästäjä

suratçy

maalari

çörekçi

leipuri

elektrik

sähköasentaja

gurluşykçy

rakentaja

inžener

insinööri

gassap

teurastaja

santehnik

putkiasentaja

hatçy

postinjakaja

esger
sotilas

binagär
arkkitehti

pulhanaçy
kassanhoitaja

floraçy
floristi

dellekçi
kampaaja

konduktor
konduktööri

mehanik
mekaanikko

kapitan
kapteeni

diş lukmany
hammaslääkäri

alym
tiedemies

rawwin
rabbi

imam
imaami

monah
munkki

ruhany
pappi

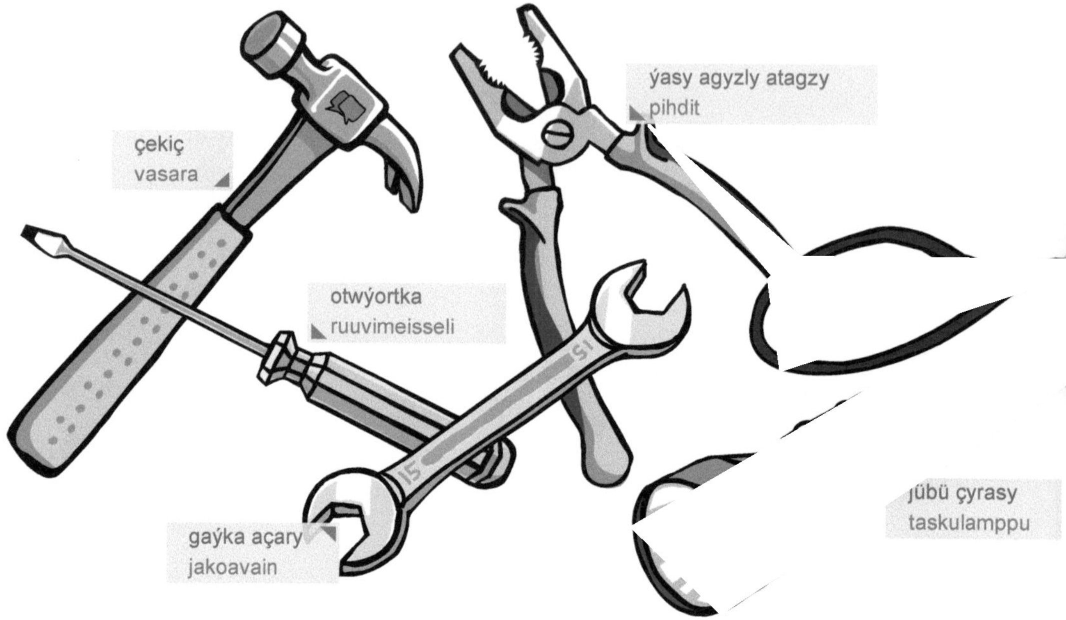

çekiç
vasara

ýasy agyzly atagzy
pihdit

otwýortka
ruuvimeisseli

jübü çyrasy
taskulamppu

gaýka açary
jakoavain

ekskawator

kaivinkone

gurallar üçin gap

työkalupakki

merdiwan

tikkaat

byçgy

saha

çüýler

naulat

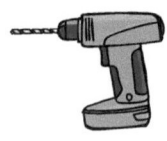

drel

pora

abatlamak
korjata

pil
lapio

Bolmandyr!
Hitto!

susguç
rikkalapio

boýagly bedre
maalipurkki

nurbatlar
ruuvit

soittimet

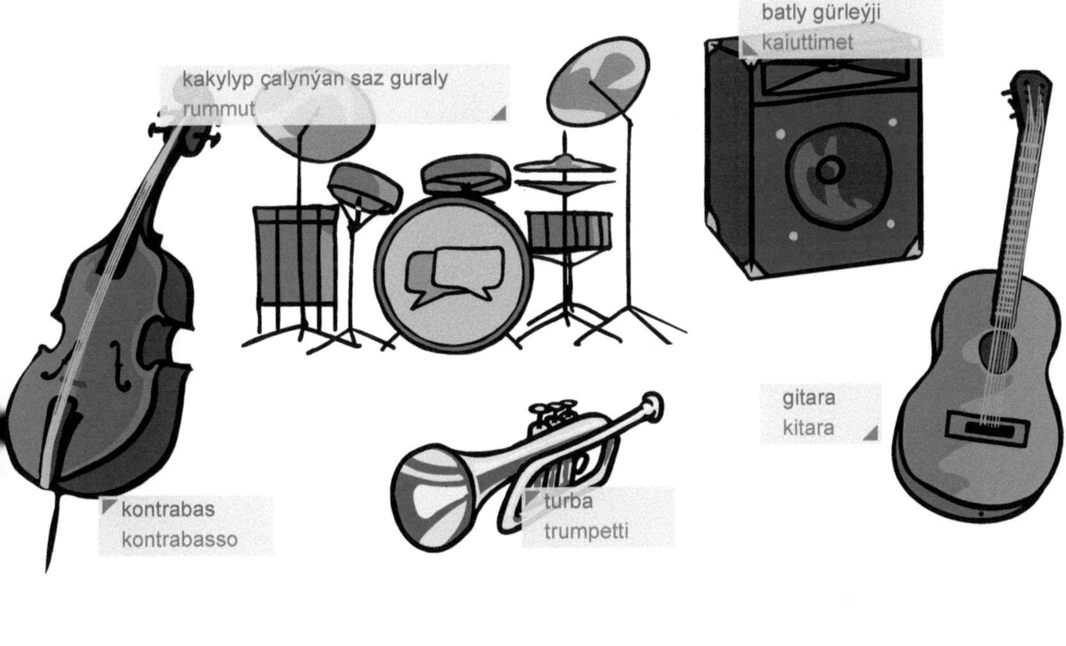

kakylyp çalynýan saz guraly
rummut

batly gürleýji
kaiuttimet

gitara
kitara

kontrabas
kontrabasso

turba
trumpetti

pianino

piano

skripka

viulu

bas-gitara

basso

nagara

patarummut

deprek

rumpu

sintezator

kosketinsoitin

saksafon

saksofoni

fleýta

huilu

mikrofon

mikrofoni

eläintarha

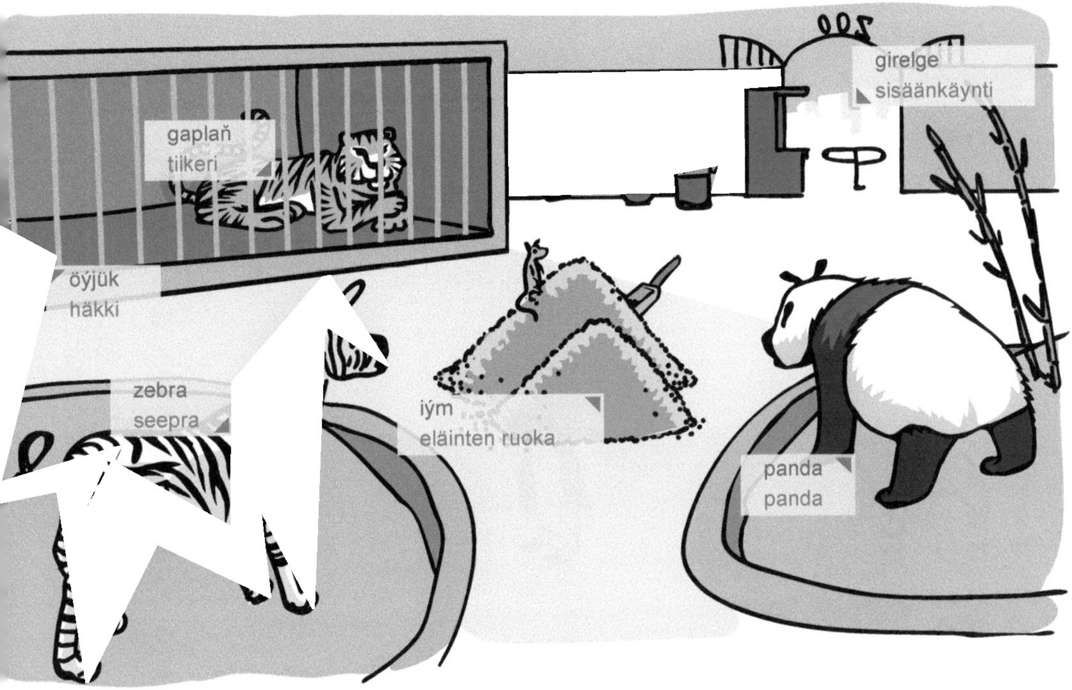
zoo
girelge
sisäänkäynti
gaplaň
tiikeri
öýjük
häkki
zebra
seepra
iým
eläinten ruoka
panda
panda

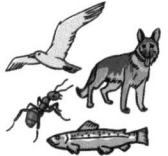

haýwanlar

eläimet

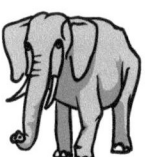

pil

norsu

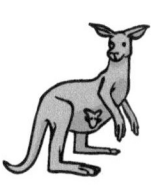

kenguru

kenguru

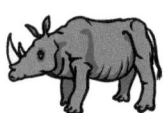

nosorog

sarvikuono

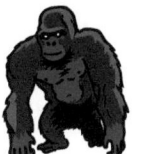

gorilla

gorilla

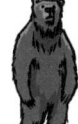

aýy

karhu

düýe
kameli

düýeguş
strutsi

ýolbars
leijona

maýmyn
apina

gyzylinjik
flamingo

hindiguş
papukaija

ak aýy
jääkarhu

pingwin
pingviini

akula
hai

tawus
riikinkukko

ýylan
käärme

krokodil
krokotiili

haýwanat bagynyň
gullukçysy
eläintarhanhoitaja

düwlen
hylje

ýaguar
jaguaari

poni
poni

gaplaň
leopardi

begemot
virtahepo

žiraf
kirahvi

bürgüt
kotka

ýekegapan
villisika

balyk
kala

pyşbaga
kilpikonna

suwpişik
mursu

tilki
kettu

jeren
gaselli

amerikan
amerikkalainen jalkapallo

tigir sürmek
pyöräily

tennis
tennis

basketbol
koripallo

ýüzme
uinti

hokkeý
jääkiekko

boks
nyrkkeily

futbol
jalkapallo

badminton
sulkapallo

ýeňil atletika
yleisurheilu

gandbol
käsipallo

lyža sporty
hiihto

polo
poolo

gülmek
nauraa

bökmek
hypätä

gujaklamak
halata

gitmek
kävellä

aÿdym aÿtmak
laulaa

arzuw etmek
unelmoida

dilemek
rukoilla

öpmek
suudella

ÿazmak

kirjoittaa

surat çekmek

piirtää

görkezmek

näyttää

basmak

painaa

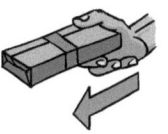

bermek

antaa

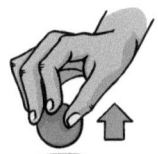

almak

ottaa

eýe bolmak

omistaa

etmek

tehdä

bolmak

olla

durmak

seisoa

ylgamak

juosta

çekmek

vetää

taşlamak

heittää

gaçmak

kaatua

ýatmak

maata

garaşmak

odottaa

götermek

kantaa

oturmak

istua

geýmek

pukeutua

ýatmak

nukkua

oýanmak

herätä

görmek

katsoa

aglamak

itkeä

sypalamak

silittää

daramak

kammata

gürlemek

puhua

düşünmek

ymmärtää

soramak

kysyä

diňlemek

kuunnella

içmek

juoda

iýmek

syödä

tertipleşdirmek

siivota

söýmek

rakastaa

taýýarlmak

keittää

gitmek

ajaa

uçmak

lentää

hereket - aktiviteetit

ýelkeni ýaýyp gitmek

purjehtia

hasaplamak

laskea

okamak

lukea

okamak

oppia

işlemek

työskennellä

nikalaşmak

mennä naimisiin

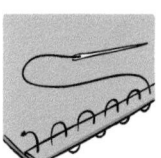

dikmek

ommella

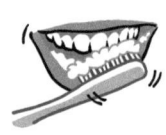

dişiňi arassalamak

pestä hampaat

öldürmek

tappaa

çilim çekmek

tupakoida

ugratmak

lähettää

ene
mummo

ata
ukki

kaka
isä

eje
äiti

bäbek
vauva

gyz
tytär

ogul
poika

myhman
vieras

daýza
täti

daýy
setä

aga
veli

uýa
sisko

vartalo

maňlaý
otsa
göz
silmä
ýüz
kasvot
äň
leuka
döş
rinta
barmak
sormet
penje
käsi
el
käsivarsi
egin
olkapää
aýak
jalka

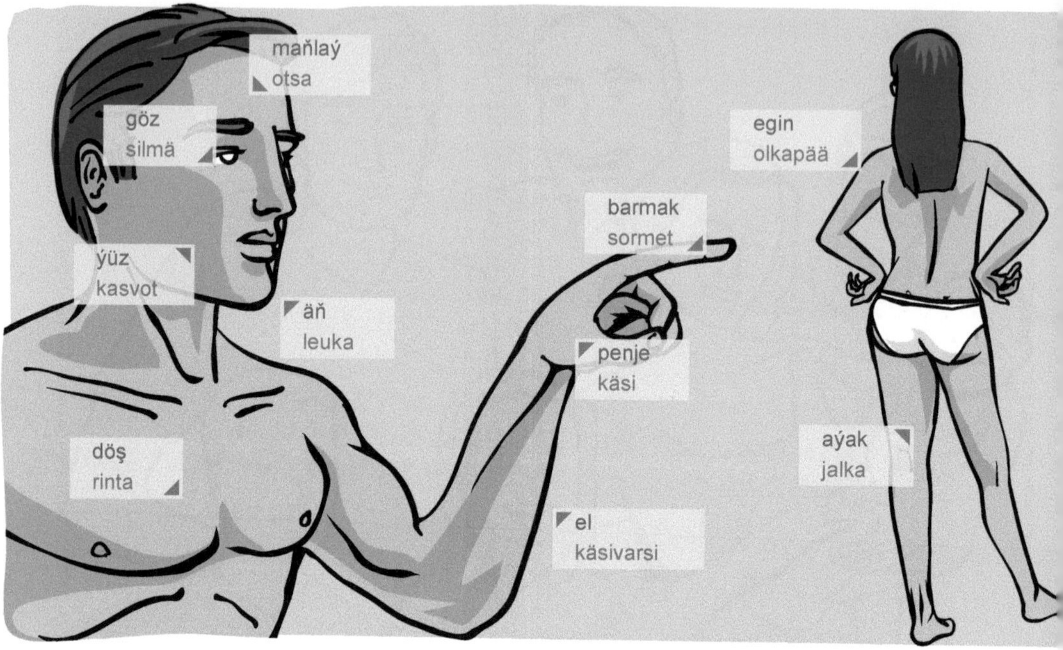

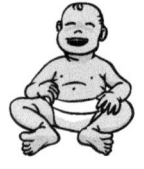

bäbek

vauva

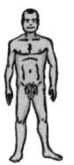

erkek

mies

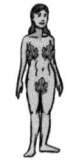

aýal

nainen

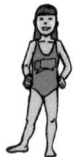

gyz

tyttö

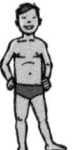

oglan

poika

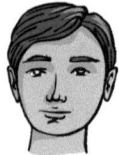

kelle

pää

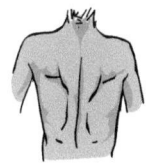

arka

selkä

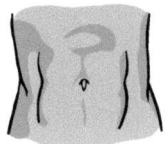

garyn

maha

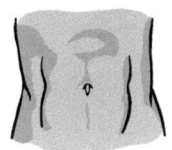

göbek

napa

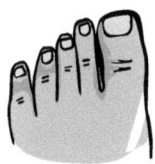

aýak barmagy

varvas

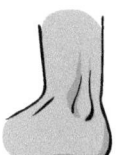

ökje

kantapää

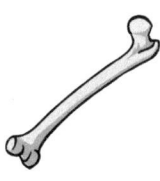

süňk

luu

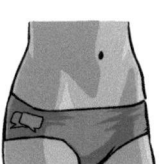

but

lantio

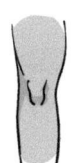

dyz

polvi

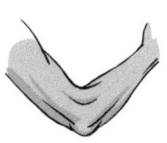

tirsek

kyynärpää

burun

nenä

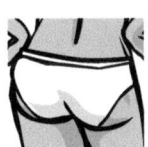

ýanbaş

takapuoli

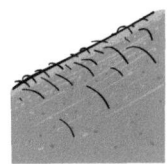

deri

iho

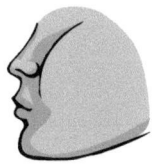

ýaňak

poski

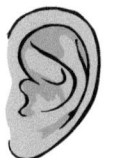

gulak

korva

dodak

huuli

agyz

suu

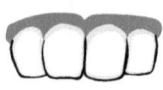

diş

hammas

dil

kieli

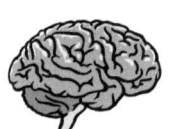

beýni

aivot

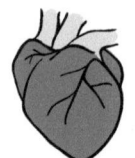

ýürek

sydän

myşsa

lihas

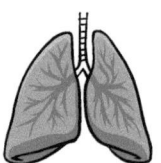

öýken

keuhkot

bagyr

maksa

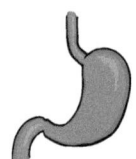

aşgazan

vatsa

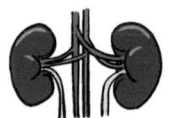

böwrek

munuaiset

jyns ýakynlygy

seksi

prezerwatiw

kondomi

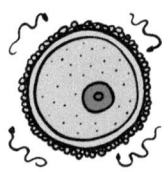

erkeklik jyns öýjügi

munasolu

tohumlyk

sperma

göwrelilik

raskaus

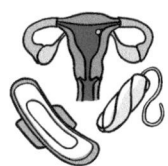

bil açylma
kuukautiset

wagina
vagina

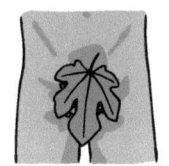

erkek jyns agzasy
penis

gaş
kulmakarvat

saç
hiukset

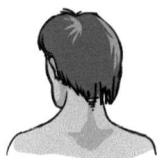

boýun
niska

sairaala

hassahana
sairaala
döwük
murtuma

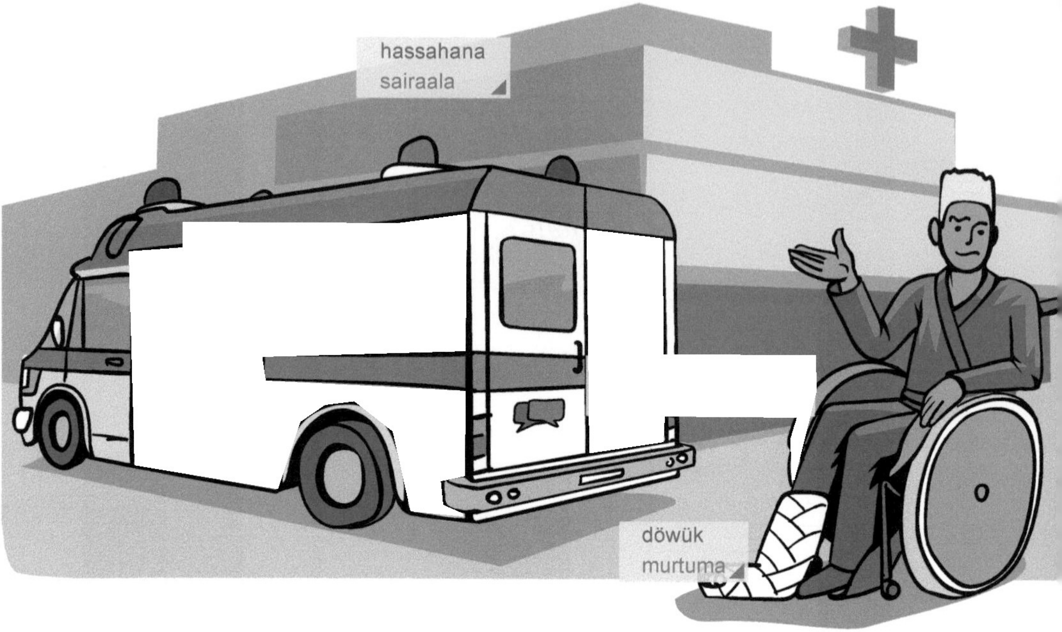

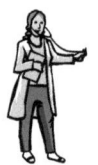

lukman

lääkäri

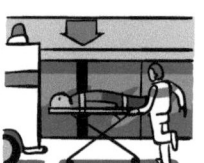

ilkinji kömek nokady

ensiapu

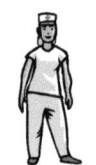

şepagat uýasy

sairaanhoitaja

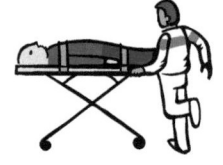

gaýragoýulmasyz ýagdaý

hätätilanne

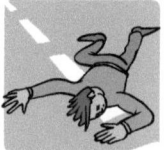

özüni bilmän

tajuton

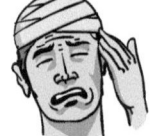

agyry

kipu

zeper ýetme

vamma

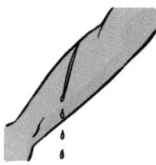

gan akmasy

verenvuoto

infarkt

sydänkohtaus

insult

aivoinfarkti

allergiýa

allergia

üsgülik

yskä

ýokarlanan temperatura

kuume

dümew

flunssa

içgeçme

ripuli

kelle agyrysy

päänsärky

rak

syöpä

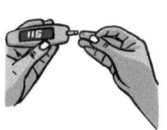

diabet

diabetes

hirurg

kirurgi

skalpel

veitsi

operasiýa

leikkaus

iýmit siňdirýän ortlaryň jemi

ct

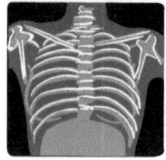

rentgen

röntgen

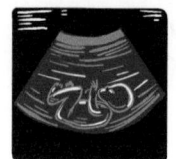

ultrases

ultraääni

maska

maski

kesel

sairaus

kabulhana

odotushuone

pişek

sauva

plastyr

laastari

bint

side

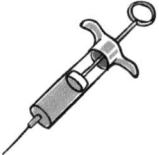

sanjym

pistos

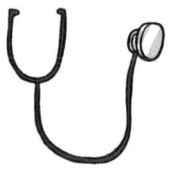

stetoskop

stetoskooppi

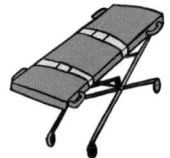

zemmer

paarit

termometr

kuumemittari

dogluş

syntymä

artykmaç agram

ylipaino

eşidiş abzaly

kuulolaite

zyýansyzlandyryjy serişde

desinfiointiaine

ýokanç

infektio

wirus

virus

WIÇ/ AIDS

HIV / AIDS

derman

lääke

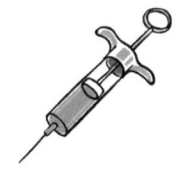

öňüni alyş sanjymy

rokotus

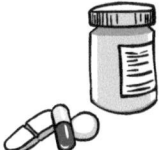

gerdejikler

tabletit

göwreli bolmakdan goraýan gerdejik

pilleri

gaýragoýulmasyz çagyryş

hätäpuhelu

gan basyşyny ölçeýji abzal

verenpainemittari

näsag / sagdyn

sairas / terve

Kömek ediň!	howsala signaly	çozuş
Apua!	hälytys	ryöstö

hüjüm	howp	ätiýaçlyk çykalgasy
hyökkäys	vaara	hätäuloskäynti

Ýangyn!		
Tulipalo!	ot söndürijisi	betbagtçylykly ýagdaý
	palosammutin	onnettomuus

derman gutujygy	SOS	milisiýa
ensiapulaukku	SOS	poliisilaitos

Ýewropa

Eurooppa

Demirgazyk Amerika

Pohjois-Amerikka

Günorta Amerika

Etelä-Amerikka

Afrika

Afrikka

Aziýa

Aasia

Awstraliýa

Australia

Atlantika ummany

Atlantin valtameri

Ýuwaş umman

Tyynimeri

Hindi ummany

Intian valtameri

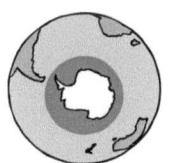

Antarktika ummany

Eteläinen jäämeri

Demirgazyk Buzly umman

Pohjoinen jäämeri

Demirgazyk polýusy

pohjoisnapa

Günorta polýusy

etelänapa

Antarktida

Antarktis

zemin

maa

gury ýer

maa

deñiz

meri

ada

saari

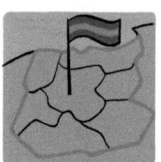

millet

kansa

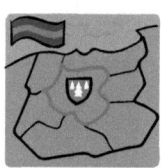

döwlet

osavaltio

siferblat

kellotaulu

sagadyň dili

tuntiviisari

minut görkezýän dil

minuuttiviisari

sekundy görkezýän dil

sekuntiviisari

sagat näçe?

Paljonko kello on?

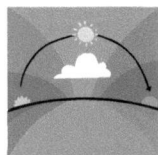

gün

päivä

wagt

aika

häzir

nyt

elektron sagady

digitaalikello

minut

minuutti

sagat

tunti

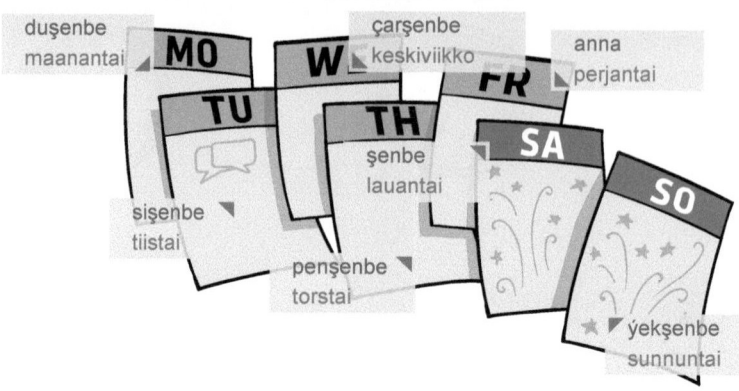

duşenbe maanantai MO
çarşenbe keskiviikko W
anna perjantai
TU
sişenbe tiistai
TH şenbe lauantai
SA
penşenbe torstai
SO
ýekşenbe sunnuntai

düýn
eilen

şu gün
tänään

ertir
huomenna

säher
aamu

günortan
keskipäivä

agşamlyk
ilta

MO	TU	WE	TH	FR	SA	SU
1	2	3	4	5	6	7
8	9	10	11	12	13	14
15	16	17	18	19	20	21
22	23	24	25	26	27	28
29	30	31	1	2	3	4

iş günler
työpäivät

MO	TU	WE	TH	FR	SA	SU
1	2	3	4	5	6	7
8	9	10	11	12	13	14
15	16	17	18	19	20	21
22	23	24	25	26	27	28
29	30	31	1	2	3	4

dynç günler
viikonloppu

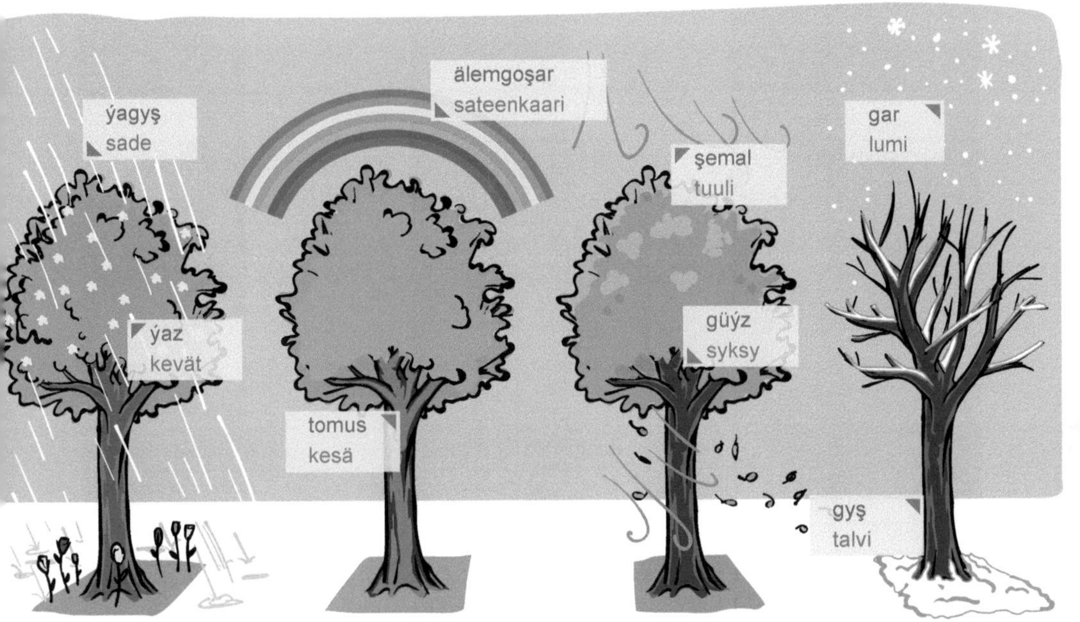

ýagyş
sade
älemgoşar
sateenkaari
şemal
tuuli
gar
lumi
ýaz
kevät
tomus
kesä
güýz
syksy
gyş
talvi

4.APRIL 11°
5.APRIL 4°
6.APRIL 13°
7.APRIL 8°
8.APRIL 10°

howa maglumaty

sääennuste

F
C
120
90
60
30
0
-30
40
30
20
10
0
-10
-20

termometr

lämpömittari

gün ýagtylygy

auringonpaiste

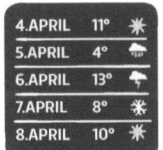

gara bulut

pilvi

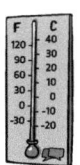

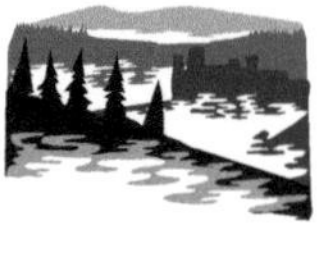

ümür

sumu

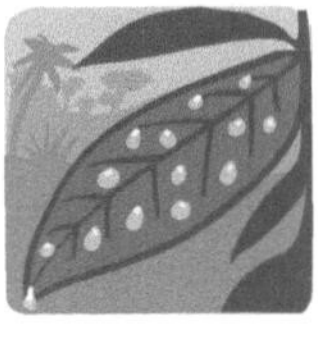

howanyň çyglylygy

ilmankosteus

ýyldyrym

salama

gök gümmürdisi

ukkonen

tupan

myrsky

doly

rae

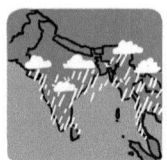

musson

monsuuni

suw alma

tulva

buz

jää

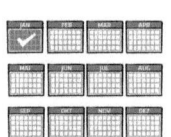

ýanwar

tammikuu

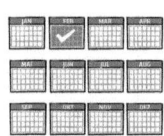

fewral

helmikuu

mart

maaliskuu

aprel

huhtikuu

maý

toukokuu

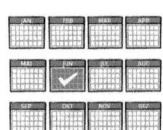

iýun

kesäkuu

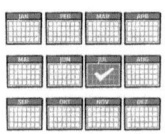

iýul

heinäkuu

awgust

elokuu

ýýl - vuosi

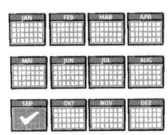

sentýabr
....
syyskuu

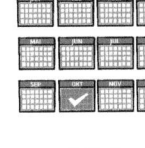

oktýabr
....
lokakuu

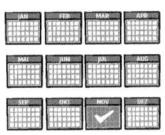

noýabr
....
marraskuu

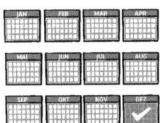

dekabr
....
joulukuu

tegelek
....
ympyrä

kwadrat
....
neliö

göniburçluk
....
suorakulmio

üçburçluk
....
kolmio

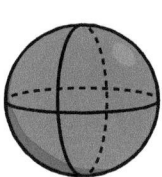

şar
....
pallo

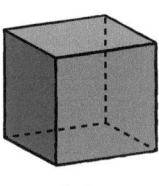

kub
....
kuutio

ak
valkoinen

sary
keltainen

mämişi
oranssi

gülgüne
vaaleanpunainen

gyzyl
punainen

liliýa reňkli
violetti

gök
sininen

ýaşyl
vihreä

goňur
ruskea

çal
harmaa

gara
musta

köp / az

paljon / vähän

gazaply / asuda

vihainen / ystävällinen

owadan / betnyşan

kaunis / ruma

başy / soňy

alku / loppu

uly / kiçi

suuri / pieni

açyk / garaňky

vaalea / tumma

oglan dogan / gyz dogan

veli / sisko

arassa / hapa

puhdas / likainen

doly / doly däl

täydellinen / epätäydellinen

gündiz / gije

päivä / yö

jansyz / diri

kuollut / elävä

giň / dar

leveä / kapea

iýilýän / iýilmeýän

syötävä / syömäkelvoton

gaharly / dostlukly

paha / kiltti

tolgunly / tukat

innostunut / tylsistynyt

çişik / hor

lihava / laiha

başda / soňunda

ensimmäinen / viimeinen

dost / duşman

ystävä / vihollinen

doly / boş

täysi / tyhjä

berk / ýumşak

kova / pehmeä

agyr / ýeňil

painava / kevyt

açlyk / teşnelik

nälkä / jano

näsag / sagdyn

sairas / terve

bikanun / kanuny

laiton / laillinen

akyly / akmak

älykäs / tyhmä

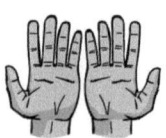

çepde / sagda

vasen / oikea

ýakyn / daş

lähellä / kaukana

täze / ulanylan

uusi / käytetty

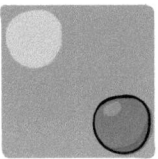

hiç zat / bir zat

ei mitään / jotain

garry / ýaş

vanha / nuori

ýakylan / söndürilen

päällä / pois päältä

açyk / ýapyk

auki / kiinni

ýuwaş / gaty

hiljainen / äänekäs

baý / garyp

rikas / köyhä

dogry / nädogry

oikein / väärin

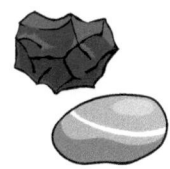

büdür-südür / tekiz

karhea / sileä

gamgyly / şatlykly

surullinen / iloinen

gysga / uzyn

lyhyt / pitkä

haýal / tiz

hidas / nopea

öl / gury

märkä / kuiva

ýyly / sowuk

lämmin / viileä

uruş / parahatçylyk

sota / rauha

0	**1**	**2**
nul	bir	iki
nolla	yksi	kaksi

3	**4**	**5**
üç	dört	bäş
kolme	neljä	viisi

6	**7**	**8**
alty	ýedi	sekiz
kuusi	seitsemän	kahdeksan

9	**10**	**11**
dokuz	on	on bir
yhdeksän	kymmenen	yksitoista

12

on iki

kaksitoista

13

on üç

kolmetoista

14

on dört

neljätoista

15

on bäş

viisitoista

16

on alty

kuusitoista

17

on ýedi

seitsemäntoista

18

on sekiz

kahdeksantoista

19

on dokuz

yhdeksäntoista

20

ýigrimi

kaksikymmentä

100

ýüz

sata

1.000

müñ

tuhat

1.000.000

million

miljoona

iňlis

englanti

amerikan iňlis

amerikanenglanti

mandarin hytaý

mandariinikiina

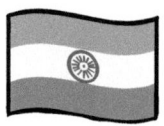

hindi

hindi

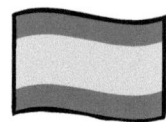

ispan

espanja

fransuz

ranska

arap

arabia

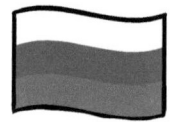

rus

venäjä

portugal

portugali

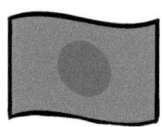

bengal

bengali

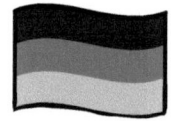

nemes

saksa

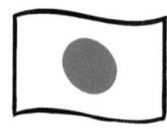

ýapon

japani

men
....
minä

sen
....
sinä

ol (oglan) / ol (gyz) / ol (jansyz zat)
....
hän

biz
....
me

siz
....
te

olar
....
he

kim?
....
kuka?

näme?
....
mitä / mikä?

nähili?
....
miten?

nirede?
....
missä?

haçan?
....
milloin?

ady
....
nimi

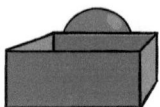

yzynda

takana

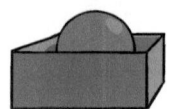

içinde

sisällä

öñünde

edessä

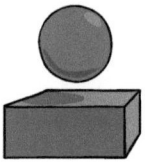

bir zadyň üsti

yläpuolella

üstünde

päällä

aşagynda

alapuolella

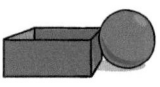

ýanynda

vieressä

arasynda

välissä

ýer

paikka